Das kleine Buch des magischen Glücks

"Jeder ist seines Glückes Schmied…

oder Zauberer!"

von

Andrea Christiansen

Herstellung und Verlag: Books on Demand GmbH,
Norderstedt
ISBN 9783842338852
Coverbild: Fotolia_1578589_M

Bibliografische Information der Deutschen Bibliothek:
Die Deutsche Bibliothek verzeichnet diese Publikation in der Deutschen Nationalbibliografie; detaillierte bibliografische Daten sind im Internet über http://dnb.ddb.de abrufbar.

Ich danke Gary Craig und Dr. Patricia Carrington

Vorwort

Neuere Studien zeigen, dass Glück nichts mit Wohlstand zu tun hat. In armen, ländlichen Gebieten Indiens fühlen sich die Menschen glücklicher, als in den westlichen Industrieländern. Glück, so stellten die Forscher fest, ist eine Frage der bewussten Entscheidung. Doch wie komme ich zu der Entscheidung, glücklich zu sein?

Ein Weg dahin ist 'das kleine Buch des magischen Glücks' mit der Technik EFT, die Emotional Freedom Techniques des Amerikaners Gary Craig, und Ihren persönlichen Bildern und Themen. Aus diesen entstehen Ihre Zaubersprüche.

In meiner Praxis wende ich EFT regelmäßig mit Erfolg an. Auch für mich persönlich setze ich es vielseitig ein. Daher ist die Methode, die ich Ihnen hier vorstellen möchte, dadurch entstanden, dass ich mein eigenes Leben ein bisschen verbessern wollte. Das kleine Buch des magischen Glücks spricht Ihr Unterbewusstsein auf der einen Seite durch Bilder an, auf der anderen Seite natürlich durch das gesprochene Wort – die Zaubersprüche - und das Klopfen der Akupunkturpunkte.

Sie können Ihre Themen immer wieder neu frei gestalten. Das Buch hilft Ihnen, Ihre Gefühle zu Ihren Lebensthemen zu überprüfen und ebnet Ihnen den Weg zum Ziel.

Ich wünsche Ihnen viel Freude an der Gestaltung Ihres eigenen Glücksbuches und der Anwendung von EFT.

Erste Schritte

Um mit dem kleinen Buch des magischen Glücks zu arbeiten, müssen Sie sich natürlich erst einmal mit EFT vertraut machen. Daher folgt hier ein kleiner Einstieg in Wort und Bild. Nehmen Sie sich Zeit, ihn genau durchzulesen und üben Sie die Methode, bevor Sie sich Ihr eigenes Glücksbuch zusammenstellen.

So fing es an

Das Vorhandensein von Energiebahnen in unserem Körper ist seit vielen Jahren bekannt. Die Akupunktur macht sich dies zu Nutze, und ihre Wirksamkeit wird inzwischen auch im Westen anerkannt.

Die Regale der Geschäfte sind voll von Büchern über gesundheitsfördernde Techniken, die sich auf Meridiane beziehen. Inzwischen beweisen auch viele wissenschaftliche Untersuchungen die Wirksamkeit und den Nutzen dieser Techniken

EFT ist jedoch nicht durch eine wissenschaftliche Arbeit und Untersuchung entstanden, es wurde eher durch Zufall entdeckt.

1980 arbeitete Dr. Roger Callahan mit einer Frau namens Mary. Sie litt unter großer Angst vor Wasser. Eines Tages, als Mary unter Magenproblemen litt, beklopfte Dr. Callahan den Magen-Meridian der Frau. Zu seinem Erstaunen verlor sie darauf hin ihre Angst vor dem Wasser, und lief zu einem nahe gelegenen Swimmingpool, wo sie ihr Gesicht mit Wasser bespritze.

Alle Ängste, Albträume, Kopfschmerzen und Unpässlichkeiten waren und blieben verschwunden. Dr. Callahan begann dieses Phänomen zu untersuchen und entwickelte eine Abfolge von Klopfpunkten auf verschiedenen Meridianen.

"Die Ursache aller negativen Emotionen

ist eine Störung im körpereigenen Energiesystem"

Gary Craig

Gary Craig, ein amerikanischer Ingenieur, der sich schon seit frühen Jahren für Möglichkeiten der Gesundheitsförderung interessierte, lernte Dr. Callahans Methode kennen. Er entwickelte sie weiter, so dass wir heute mit EFT ein Werkzeug benutzen können, dass für jeden leicht zu lernen und anzuwenden ist.

Wie funktioniert nun EFT?

Stellen Sie sich einfach vor, Ihre Energiebahnen sind wie Straßen. Wenn irgendwo ein Auto liegen bleibt, gibt es einen Stau. Sie müssen einen Umweg fahren. Dieser Umweg bedeutet erhebliche Belastungen. Eventuell erreichen Sie Ihr Ziel nie. So ist es auch mit Ihren Energiebahnen. Kann die Energie auf einer Bahn nicht richtig fließen, muss sie sich einen Umweg suchen und löst auf diesem Umweg unerwünschte Reaktionen aus.

Das sanfte Beklopfen bestimmter Akupunkturpunkte in Verbindung mit prägnanten Worten oder Sätzen sowie Augenbewegungen, löst nun den Stau auf den Energiebahnen auf. Die Worte oder Sätze dienen dazu, die Ursache des Staus zu identifizieren. Die Augenbewegungen helfen, die Energie wieder zum Fließen zu bringen. Sie haben sich auch schon in anderen Therapieformen, wie zum Beispiel der Psychokinesiologie, bewährt.

Mit Geduld und einer Portion Hartnäckigkeit kommt man leicht ans Ziel, auch wenn das Problem mal etwas größer ist.

Belastende Emotionen

Fast alle Psychotherapeuten sind sich darüber einig, dass belastende Emotionen oft auf frühkindlichen Erfahrungen basieren. Wird eine solche Erfahrung durch ein aktuelles Ereignis aktiviert, ist eine emotionale Abwehrreaktion die Folge, welche behindernde Lebensmuster nach sich ziehen kann.

Daher ist es oft notwendig, auch mit den Erinnerungen an diesen Erfahrungen zu arbeiten. EFT ermöglicht uns auf oft erstaunliche Weise, gerade diese unscheinbaren und fast vergessenen emotionalen Störungen aufzulösen.

Wenden Sie sich jedoch im Falle von starken Belastungen oder traumatischen Erfahrungen an einen Therapeuten. Adressen finden Sie am Schluss des Buches.

Wir wollen uns hier nicht mit traumatischen Erfahrungen befassen, sondern EFT nutzen, unsere Wünsche und Träume zu verwirklichen. Wenn Sie feststellen, dass Sie sich selbst stark beeinträchtigende Glaubenssätze kreiert haben, wie zum Beispiel: "Ich bin es nicht wert, erfolgreich zu sein", dann lohnt es sich, ein EFT-Seminar zu besuchen oder ein paar Einzelstunden zu nehmen.

So funktioniert EFT

Natürlich gibt es ganz viele verschiedene Möglichkeiten mit den Klopftechniken zu arbeiten. Wir beschränken uns hier jedoch auf das, was Sie für Ihr Glücksbuch brauchen. Das sind die Grundtechnik von Gary Craig und die Wahlmethode von Dr. Patricia Carrington, sowie die Erzähltechnik, in der Sie einfach sagen, was Ihnen gerade einfällt.

Und nun geht es los.

Das Thema

Sobald Sie ausgewählt haben, mit welchem Thema Sie arbeiten möchten, müssen Sie bewerten, wie groß das Unbehagen ist, das dieses Thema in Ihnen auslöst.

Am Arbeitsplatz geht es vielleicht gerade hoch her. Alleine, an die Arbeit zu denken, löst ein Gefühl von Stress bei Ihnen aus. Wie stark ist dieses Gefühl?

0 bedeutet "kein Stress"

10 bedeutet "extremer Stress"

Während Ihrer Klopfrunden überprüfen Sie immer wieder, auf welchem Wert dieser Skala Ihr "Stresspegel" ist. So haben Sie die Möglichkeit, den Fortschritt Ihrer Selbstbehandlung zu beurteilen.

In Ihrem Buch werden Sie öfter eine Aussage auf den Grad Ihrer Zustimmung überprüfen. Zum Beispiel:

In meinem interessanten Beruf bin ich überaus erfolgreich.

Sie stellen sich die Frage, zu wie viel Prozent diese Aussage für Sie zutrifft. Sind es weniger als 80 %, dann sollten Sie dringend an diesem Thema arbeiten.

Die Grundtechnik

Wie bei einem Kuchenrezept besteht die Grundtechnik aus verschiedenen Zutaten. Diese sollten in der richtigen Reihenfolge zusammengefügt und angewendet werden. Die vollständige Grundtechnik besteht aus vier Zutaten von denen zwei identisch sind. Es ist also alles viel einfacher, als es aussieht.

Wir haben:

1. die Einstimmung
2. die Klopfrunde
3. das Zwischenspiel (9-Gamut-Folge)
4. die Klopfrunde

Schauen wir uns auf der nächsten Seite an, welche Funktion diese Zutaten haben.

Die Einstimmung

Die Einstimmung dient dazu, sich Ihr Thema klar vor Augen zu führen und sich auf die Behandlung des Themas ganz und gar einzulassen. Bemühen Sie sich, mit dem Einstimmungssatz (Zauberspruch) Ihre Situation oder Ihr Gefühl (Thema) so zutreffend wie möglich zu formulieren.

Wichtig: fassen Sie sich kurz!

Die Einstimmung besteht aus zwei Teilen:

1. dreimalige Wiederholung Ihres 'Zauberspruches'

2. gleichzeitiges Massieren des "heilenden Punktes" bzw. Beklopfen des "Handkantenpunktes".

Ich werde oft gefragt, ob ich das Problem nicht verstärke, wenn ich es in der Einstimmung wiederholt ausspreche. Verwechseln Sie diese Einstimmung bitte nicht mit den herkömmlich bekannten Affirmationen.

Die guten alten Affirmationstechniken der Achtzigerjahre funktionieren nur, wenn das Unterbewusstsein von vorn herein der Botschaft zustimmt. Eigentlich braucht man sie dann nicht mehr, denn dann liegt gar kein Problem mit dem betreffenden Thema vor. Anderenfalls aktivieren sie immer wieder den inneren Widerstand. Ihr Unterbewusstsein sagt ja ständig: "Nein, du bist gar nicht schlank, du siehst aus wie Tante Gerda. Tante Gerda ist dick", - wenn Sie sich immer wieder aufsagen: "Ich bin so schlank wie ein Supermodel". Ihr Unterbewusstsein lässt sich nicht beschubsen.

So lautet das Muster für Ihren ‚Zauberspruch':

Auch wenn ich_____ habe/fühle, liebe und akzeptiere ich mich voll und ganz so wie ich bin.

Die Lehrstelle füllen Sie mit einer kurzen Beschreibung Ihres Themas.

Also: Auch wenn ich mich genervt fühle, wenn ich an meine Arbeit denke, liebe und akzeptiere ich mich voll und ganz so wie ich bin.

Oder: Auch wenn mir der Lärm im Büro unheimlich auf den Zeiger geht, liebe und achte ich mich voll und ganz.

Benutzen Sie Ihre ganz persönliche Sprache, gerne auch mal Kraftausdrücke.

Wenn Sie also Ihren Zauberspruch formuliert haben, sprechen Sie ihn dreimal hintereinander und benutzen dabei den heilenden Punkt oder den Handkantenpunkt.

Dann geht es weiter mit der Klopfrunde.

Die Klopfrunde

Die Klopfrunde dient der Auflösung der Blockierungen auf den Energiebahnen. Sie wird jeweils vor und nach dem Zwischenspiel (9-Gamut-Folge) ausgeführt.

Es werden folgende Punkte mehrmals rhythmisch mit Fingerspitzen sanft beklopft:

AB (Augenbrauenpunkt)
SA (Seite der Augen)
JB (Jochbein unter der Pupille)
UN (unter der Nase)
KP (Kinnmittelpunkt unter der Lippe)

SB (Schlüsselbeinpunkt)
UA (unter dem Arm,
eine Handbreit unter der Achselhöhle)

DA (Daumennagelaußenkante)
ZF (Zeigefinger)
MF (Mittelfinger)
KF (Kleiner Finger)
HP (Handkantenpunkt)
AK (auf dem Kopf)

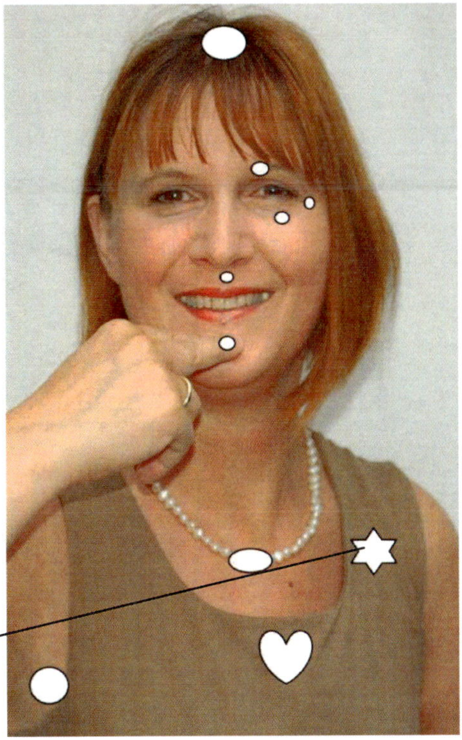

Der Herzpunkt ist ein Zusatzpunkt.

Dabei sprechen Sie eine Kurzaffirmation z.B. "Angst zu ersticken", "fühle mich genervt", "meine große Sorge" etc.

Bitte beachten Sie, dass die Klopfpunkte von der Augenbraue an abwärts angeordnet sind. Der Punkt auf dem Scheitel kommt zum Schluss.

Heilender Punkt

Das Zwischenspiel

Gary Craig nannte diesen Teil der Übung '9-Gamut-Folge'.

Das Wort Gamut bedeutet so viel wie Skala oder Tonleiter und bezieht sich darauf, dass bestimmte Dinge miteinander in einer Beziehung stehen oder in einer bestimmten Reihenfolge durchlaufen werden.

Die 9-Gamut-Folge wirkt auf viele Menschen zuerst etwas seltsam. Sie sorgt jedoch dafür, dass die rechte und die linke Gehirnhälfte besser zusammen arbeiten und bestimmte Nervenbahnen stimuliert werden.

Besonders die Methoden der Augenbewegungen finden auch in anderen Therapieformen seit gut 20 Jahren Anwendung und haben sich oft bewährt, einen festgefahrenen Therapieverlauf wieder in Fluss zu bringen.

Die 9-Gamut-Rinne auf dem Handrücken unter und zwischen den Fingerknöcheln von Kleinem- und Ringfinger wird während des gesamten Zwischenspiels beklopft.

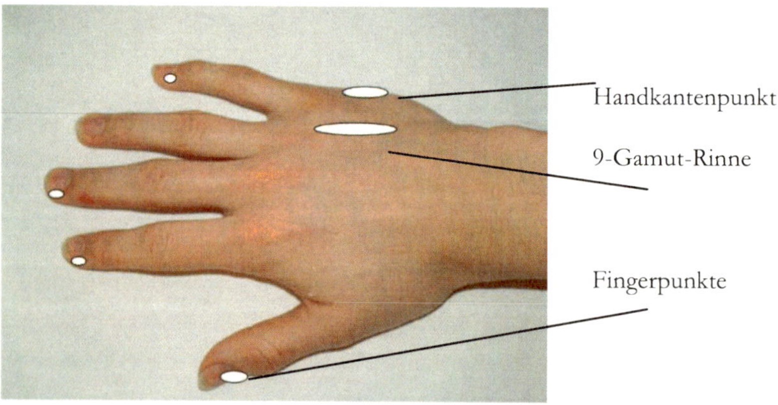

Dabei führen Sie folgende Augenbewegungen durch:

1• Augen schließen
2• Augen öffnen
3• Nach rechts unten sehen
4• Nach links unten sehen
5• Augen im Uhrzeigersinn kreisen
6• Augen gegen den Uhrzeigersinn kreisen
7• Kurze Melodie summen
8• Schnell von 1 bis 5 zählen
9• Melodie summen

Klopfrunde

Die Klopfrunde wird nun einfach wiederholt. Auch hier sprechen Sie wieder Ihren Kurzsatz (z.B. "mein Ärger").

Das war schon alles. Es klingt zuerst sehr kompliziert, wenn man sich die Anleitung durchliest, doch hat man die ganze Prozedur erst einmal tatsächlich durchgeführt, stellt man schnell fest, wie einfach es ist.

Testen Sie auf der Skala von 1 bis 10 nun wieder Ihre Gefühle und wiederholen Sie die Grundtechnik so oft, bis Sie keine belastenden Gefühle zu Ihrem Thema mehr wahrnehmen können oder Sie Ihrer Zieleinstellung auf mindestens 80% nahe gekommen sind. Mit der Grundtechnik können Sie nun selbständig arbeiten.

Bitte beachten Sie: Sie dürfen damit keine Therapie an fremden Menschen durchführen, da Sie nicht alle relevanten Hintergründe kennen! Auch eigene starke

Ängste und Traumata gehören in die Hand eines Therapeuten.

Die Kurztechnik

Für die Kurztechnik lassen Sie einfach die Fingerpunkte und das Zwischenspiel weg. Klopfen Sie im Gesicht und am Körper, auf dem Handgelenk (Pulsseite) und abschließend auf dem Kopf. Wenn Sie es also mal ein bisschen eiliger haben, ist auch diese Art der Klopftechnik durchaus erfolgreich.

Die Wahlmethode von Dr. Patricia Carrington

Dr. Carrington ist eine der Pioniere der Emotional Freedom Techniques. Sie arbeitet in New Jersey als klinische Psychologin. Ihr sind einige der ersten Studien zu EFT zu verdanken. Dr. Carrington hat eine Methode entwickelt, bei der wir nicht nur den unerwünschten Zustand klopfen, sondern ganz bewusst wählen oder entscheiden, was wir stattdessen haben wollen. Dies klopfen wir dann auch.

Das geht so: Sie formulieren Ihren Zauberspruch wie immer, doch anstatt des Zusatzes "liebe und achte/liebe und akzeptiere ich mich voll und ganz" sagen Sie "wähle ich......." oder "entscheide ich mich für.......".

Wenn Sie zum Beispiel für den Bereich Arbeit-Beruf derzeit ein Gefühl der Hoffnungslosigkeit empfinden, weil Ihr Arbeitsvertrag demnächst ausläuft und bisher alle Bewerbungen abgelehnt wurden, könnten Sie klopfen: "Auch wenn ich große Sorge habe, in Kürze arbeitslos zu sein, wähle ich Gelassenheit und Zuversicht".

In der ersten Klopfrunde klopfen Sie dann an den einzelnen Punkten:

ich habe Sorgen um meinen Arbeitsplatz
ich fürchte, ich werde arbeitslos
etc.

In der zweiten Runde klopfen Sie:

ich wähle Gelassenheit und Zuversicht

In der dritten Runde klopfen Sie im Wechsel:

ich habe Sorgen um meinen Arbeitsplatz
ich wähle Gelassenheit und Zuversicht
ich fürchte, ich werde arbeitslos
ich wähle Gelassenheit und Zuversicht
etc.

Wenn Sie sich mit dem Klopfen noch nicht sicher fühlen, besuchen Sie einen offenen Abend oder ein Seminar. Auch die Inhalte dieses Buches werden in Zukunft in Seminaren angeboten. Adressen dazu finden Sie im Anhang.

Die Erzähltechnik

Nach dem Sie sich mit Ihrem Zauberspruch eingestimmt haben, lassen Sie Ihren Gedanken freien Lauf, klopfen die Punkte nacheinander und sprechen Ihre Gedanken dabei aus.

ich fühle mich unsicher
ich kenne das seit meiner Kindheit
ich bin aber jetzt erwachsen
ich fühle mich aber immer noch unsicher
etc.

Sie können auch am Abend die Ereignisse des Tages klopfend erzählen und damit Ärger und Stress abbauen. So wird Ihr Schlaf tiefer und erholsamer.

Was für ein Tag!
nichts als Ärger
ich kann bestimmt nicht schlafen
die Gedanken toben durch meinen Kopf
ich bin jetzt noch wütend!
diese doofe Kuh wollte mich reinlegen
wie gut, dass der Chef das durchschaut hat
ich atme jetzt einmal tief durch
die ist doch völlig unwichtig
ich wähle Gelassenheit und Frieden
etc.

Schmieden Sie Ihr Glück!

So, nun sind Sie fit, Ihr Glücksbuch zu erstellen.

Ihre nächste Aufgabe wird es nun sein, sich für neun wichtige Bereiche Ihres Lebens Zielvorstellungen zu machen. Ohne ein Ziel können wir uns nicht auf den Weg machen. Los geht's!

1 Der erste wichtige Bereich Ihres Lebens sind **Sie** selbst.

Sind Sie gesund, munter und aktiv? Oder sind Sie eine müde, kranke Schlafmütze? Wer wollen Sie sein? Wie wollen Sie sein?

Formulieren Sie einen Satz wie zum Beispiel: "Ich bin kraftvoll, gesund und voller Lebensfreude".

Überlegen Sie sich genau, was für Sie wichtig ist.

Wählen Sie dazu ein Foto aus, das den von Ihnen formulierten Satz auf den ersten Blick genau ausdrückt.

Unser Unterbewusstsein nimmt sehr viel schneller und genauer Informationen aus Bildern auf, als aus geschriebenen oder gesprochenen Worten.

2 Der zweite wichtige Bereich Ihres Lebens ist natürlich Ihre **Partnerschaft**.

Haben Sie einen Partner, mit dem Sie harmonisch und zufrieden in einer vertrauensvollen Beziehung leben? Sind Sie ein glücklicher oder ein unglücklicher Single? Wie immer es auch im Moment sein mag, die zweite Seite Ihres Buches befasst sich mit der Partnerschaft.

Formulieren Sie das, was Sie sich wünschen. Zum Beispiel: "Ich lebe erfüllt mit meinem Traumpartner Peter in einer vertrauensvollen Beziehung".

Wählen Sie auch hier wieder ein Foto aus, auf dem Sie beide lachend gemeinsam zu sehen sind oder basteln Sie sich eine Fotocollage mit Ihrem Traumziel.

3 Nun geht's ums liebe **Geld.**

Gestalten Sie sich eine Seite, die dem Unterbewusstsein auf den ersten Blick zeigt, dass Scheine und Münzen zu Ihnen fließen, in rauen Mengen. Vielleicht basteln Sie sich selbst mit einem Fotobearbeitungsprogramm ein Bild, welches Sie als Sternentaler darstellt. Oder ein Geldfluss fließt hinein in einen Teich, in dem Sie stehen.

Ihr Satz könnte lauten: "Alles Geld, das ich brauche, steht mir jederzeit zur Verfügung".

4 Lebensbereich Nummer Vier betrifft Ihre **Wohnung.**

Wo wohnen Sie jetzt? Wo wollen Sie wohnen? Haben Sie ein Haus? Eine kleine oder große Wohnung?

Denken Sie in Ruhe darüber nach und formulieren Sie Ihren Satz. Gestalten Sie sich dann wieder ein Bild von Ihrem trauten Heim.

Hier könnten Sie formulieren: "Ich lebe in meinem exzellenten Haus/Wohnung".

Glauben Sie mir, Sie sind kreativer als Sie denken. Nutzen Sie Ihre neu entdeckten Fähigkeiten!

5 Jetzt kommen wir zu Ihrem **Beruf**.

Womit verdienen Sie Ihr Geld? Gibt Ihnen Ihr Beruf ein Gefühl der Erfüllung?

Auch wenn Sie nichts ändern wollen, nehmen Sie diesen Bereich in Ihr Buch mit auf. Wenn Sie ein Lebensziel schon erreicht haben, so freut sich Ihr Unterbewusstsein, wenn Sie diesem Punkt Achtung geben, indem Sie sich auch hier an einem positiven Bild und einer positiven Aussage erfreuen.

Wie wäre es, mit diesem Satz: "Meine beruflichen Aufgaben erfüllen mich mit Freude".

Oder: "In meinem interessanten Beruf bin ich außerordentlich erfolgreich".

Sind Sie jedoch unzufrieden, mit dem, was Sie tun, dann beginnen Sie sofort damit, etwas zu ändern!

Denken Sie daran, die bildliche Darstellung geht in Sekundenbruchteilen hinein in Ihr Unterbewusstsein. Wählen Sie ein Bild, das motivierend auf Sie wirkt.

6 Spiritualität

Spiritualität ist mehr als klerikaler Glaube. Sie bezieht sich auf Ihre ganz eigene Art und Weise, die Welt zu betrachten.

Wenn es Ihr Wunsch ist, die Vielfalt des Seins zu entdecken, könnte ein fröhliches Bild von Ihnen in der Natur das Motiv Ihrer Wahl sein. Darüber könnte stehen: "Ich fühle mich eins mit dem Ganzen des Seins".

Vielleicht sind Sie ein gläubiger Mensch und wollen die Kraft Ihres Glaubens stärken. Dann könnte ein Bild Ihres Gotteshauses diese Seite schmücken und ein Satz wie: "Ich bin fest in meinem Glauben" darüber stehen.

Auch wenn Sie nicht an Gott glauben, haben Sie doch eine Spiritualität. Vielleicht haben Sie sich eine eigene Art von Glauben zugelegt, der mit den Weltkirchen nicht konform geht. Manchen fällt es hier schwer, einen passenden Satz zu formulieren. Ich habe es mir einfach gemacht. Ich habe folgenden Satz formuliert, den ich gerne mit Ihnen teilen möchte:

"Ich entwickle in Liebe meine spirituellen Fähigkeiten".

Ob Sie nun ein Foto aus der Natur dazu nehmen, ein schönes Buddha-Bild oder ein Bild von sich selbst, wie Sie einen Baum umarmen, Sie werden schon das Richtige finden.

7 Die liebe **Familie.**

Ob Sie nun Familie haben, oder allein leben, dieser Lebensbereich ist außerordentlich wichtig. Vielleicht wünschen Sie sich eine Familie oder aber Ihre Familie ist zu präsent und Sie hätten gerne etwas weniger davon.

Formulieren Sie auch hier wieder, wie Ihr exzellentes Leben aussehen würde, wenn Ihr Wunsch schon erfüllt wäre.

"Meine fröhlichen Kinder schenken mir immer wieder Freude und auch Ruhe."

"Ich verbringe mit meiner Familie viele harmonische Zeiten."

"Meine erwachsenen Kinder gestalten sich ein glückliches, erfolgreiches und eigenständiges Leben, während ich mein Leben mit meinem Partner genieße".

Sie sehen, es gibt unendlich viele Möglichkeiten.

8 Kommen wir nun zur **Freizeit.**

In unserer modernen Welt verfügen wir über sehr viel mehr Freizeit, als die Menschen noch vor 100 Jahren. Wir sollten sie daher zu unserem Wohlbehagen nutzen. Ein Hobby, ganz egal ob sportlich oder kreativ, ist ein wichtiger Ausgleich zum Alltag. Sie erhalten sich damit Ihre Gesundheit und Lebensfreude. Wenn dieser Bereich in Ihrem Leben bisher zu kurz kam, ist es allerhöchste Zeit, sich ein schönes, passendes Bild auszusuchen und einen Satz zu formulieren, der wie eine Lokomotive auf Sie wirkt. Lassen Sie sich zu Ihrem Freizeitausgleich ziehen!

Wie wäre: "Ich habe alle Zeit die ich brauche für mein kreatives Hobby".

oder: "Mein Lieblingssport schenkt mir ein wundervolles Gefühl von Lebendigkeit".

Wählen Sie hier ein Bild aus, bei dem Sie eigentlich sofort mit Ihrem Hobby/Sport loslegen wollen.

9 Wer braucht Feinde, wenn er solche **Freunde** hat?

Ich hoffe, dieser Satz trifft nicht auf Ihre Freunde zu. Wenn doch, tauschen Sie sie aus! Welche Eigenschaften sollen Ihre Freunde haben? Welche Funktion haben Sie in Ihrem Leben?

Fragen, Fragen, Fragen…

Nein, keine Sorge, dies ist kein Buch der richtigen Fragen; dieses Buch soll Ihnen Antworten geben. Doch ohne Fragen bekommen wir keine Antworten. Haben Sie Fotos von sich und Ihren Freunden, auf denen Sie gemeinsam lachen, Spaß haben, es Ihnen so richtig gut geht? Fügen Sie eines ein!

Formulieren Sie dazu, was Ihnen Spaß macht. Wie wäre es mit:

"Mit meinen ehrlichen Freunden verbringen ich einen großen Teil meiner Freizeit bei interessanten Ausflügen, Tanz und gemütlichen Abenden".

So, nun haben Sie es geschafft. Die Vorarbeit ist fertig. Jetzt wird das Buch zusammengebaut. Danach erkläre ich Ihnen, wie Sie damit arbeiten.

Zuerst einmal gestalten Sie sich eine Seite pro Lebensbereich mit Text und Bild. Schreiben Sie bitte wirklich nur einen oder zwei Sätze. Das Bild soll die Seite dominieren.

So zum Beispiel:

ICH LEBE GLÜCKLICH IN EINER VERTRAUENSVOLLEN PARTNERSCHAFT

Schließen Sie für einen Moment die Augen. Richten Sie Ihre innere Aufmerksamkeit auf die Seite, die Sie gerade gestalten wollen. Vielleicht ist es das Thema Wohnung. Stellen Sie sich die Frage: Was macht mich glücklich?

Lassen Sie nun einfach Ihre inneren Bilder an sich vorbeiziehen. Eines davon wird Ihnen eine Idee geben, wie Sie gerade diese Seite gestalten wollen, welches Bild für diese Seite das Richtige ist. Stöbern Sie dann in Katalogen, im Internet und in Ihrer Fotosammlung. Es mag sein, dass dies ein wenig zeitaufwändig ist. Aber das Glück kommt nicht immer über Nacht. Es wird einem auch nicht immer geschenkt. Ein bisschen Arbeit daran schadet Ihnen nicht. Ganz im Gegenteil, Sie werden feststellen, dass allein schon die Beschäftigung mit Ihren Lebensthemen, und die Aussicht auf das Glück, das Sie sich schaffen wollen, eine wundervolle, kindliche Vorfreude in Ihnen erwecken.

Wenn Sie alle Seiten fertig gestaltet haben, können Sie Ihr Buch hübsch binden. Das machen die örtlichen Büromärkte für wenig Geld. Denken Sie auch an ein ansprechendes Coverbild und den Titel "Mein kleines Buch des magischen Glücks". So macht es mehr Spaß, das Buch täglich zur Hand zu nehmen und mit seinen Seiten zu klopfen.

Lassen Sie sich bei der Gestaltung Zeit.

Nun wird geklopft!

Schlagen Sie Ihr Glücksbuch auf.

Seite 1: ICH

Auf der ersten Seite finden Sie ein fröhliches Bild von sich selbst und dazu Ihren gewählten positiven Satz.

Nehmen wir einmal: "Ich bin vollständig gesund und voller Lebenskraft".

Das klingt ja richtig toll! Aber stimmt das auch? Zu wie viel Prozent stimmen Sie diesen Satz zu (angenommen, es wäre Ihr eigener)? Sie sind sich nicht sicher? Schätzen Sie doch einfach! - O.k. 60 %

Zuerst kreieren Sie Ihren Zauberspruch. Er könnte lauten: "Auch wenn ich mich nicht vollständig gesund und glücklich fühle, liebe und akzeptiere ich mich voll und ganz". Mit diesem Satz üben Sie, Ihren derzeitigen Ist-Zustand zu akzeptieren und sich selbst darin natürlich auch. Im Anschluss klopfen Sie die Punkte an Kopf und Körper mit Worten wie:

Es geht mir nicht gut. Ich bin verspannt etc.

Oder Sie klopfen zuerst eine Runde ohne Zauberspruch, beginnend am Augenbrauenpunkt "Ich bin vollständig gesund und voller Lebenskraft". Klopfen Sie alle Punkte durch, gerne auch mehrere Runden. So regen Sie das Unterbewusstsein an, nähere Informationen preis zu geben, denn der Satz entspricht ja nicht vollständig der Wahrheit. Welche Widerstände regen sich in Ihnen?

Ah, Sie haben Schmerzen in den Hüften. Gut, dann wird es Zeit, diesen Schmerzen mit EFT zu begegnen. Sie beginnen mit dem Zauberspruch:

"Auch wenn ich Schmerzen in den Hüften habe, liebe und achte ich mich voll und ganz und wähle Gesundheit und Lebenskraft".

Sie ergänzen hier Ihren Zauberspruch mit der Wahlmethode. Weiter geht es an den einzelnen Punkten. Klopfen Sie eine Runde: "Ich habe Schmerzen in den Hüften", danach eine Runde "Ich wähle Gesundheit und Lebenskraft" und danach klopfen Sie beide Sätze im Wechsel. Der letzte Punkt sollte mit dem positiven Statement: "Ich wähle Gesundheit und Lebenskraft" enden.

Schmerzen gehen nicht immer einfach so weg, wenn man klopft. Doch oft werden sie gelindert oder aber das Unterbewusstsein teilt uns mit, vorher diese Schmerzen stammen, was also ihre tatsächliche Ursache ist. So ist es möglich, konkret Abhilfe zu schaffen. Eine Freundin von mir hatte zum Beispiel immer Schmerzen im Nacken. Sie klopfte auf die eben beschriebene Weise. Die Nackenschmerzen blieben hartnäckig. Doch dann fiel ihr ein, was ihr im Nacken sitzt. Es war ihr Chef. Sie hat ihre Beziehung zu ihrem Chef durch ein langes Gespräch mit ihm verbessert und die Nackenschmerzen verschwanden.

Vielleicht fühlen Sie sich auch einfach nur müde. Es fehlt Ihnen an Lebenskraft. Dann könnte Ihr Zauberspruch heißen: "Auch wenn ich mich ständig müde fühle, liebe und achte ich mich voll und ganz und wähle Gesundheit und Lebenskraft".

Hier sind noch ein paar Beispiele für Sie:

Ich bin eine liebevolle und begehrte Frau.

"Auch wenn ich mich derzeit nicht begehrt fühle, liebe und achte ich mich vollkommen und wähle, mich freudvoll begehrt zu fühlen".

Ich bin ein starker und erfolgreicher Mann.

"Auch wenn ich mich zurzeit weder stark noch erfolgreich fühle, liebe und achte ich mich von ganzem Herzen und wähle Kraft und Erfolg für mich".

Ich stehe fröhlich mit beiden Beinen fest am Boden.

"Auch wenn ich mich zurzeit traurig und unsicher fühle, liebe und achte ich mich und wähle Erdverbundenheit und Fröhlichkeit".

Klopfen Sie an den einzelnen Punkten immer die Kurzform Ihres Zauberspruchs: Ich fühle mich unsicher /ich wähle Erdverbundenheit / ich bin traurig / ich wähle Fröhlichkeit u.s.w.

Ich denke, Sie haben anhand dieser Beispiele gut verstanden, worum es geht. Klopfen Sie die erste Seite Ihres Büchleins wenigstens eine Woche lang.

Seite 2: Partnerschaft

Hier geht es um Ihre Partnerschaft. Haben Sie zurzeit eine Partnerschaft oder leben Sie im Moment allein? Hier sind ein paar Klopfsätze, die Ihnen Anregungen für eigene Formulierungen geben können:

Ich lebe in Liebe und Harmonie mit meinem Mann Peter.

"Auch wenn es in unserer Beziehung gerade kriselt, liebe und achte ich mich selbst und wähle Liebe und Harmonie für uns beide".

Ich teile mein Leben mit meinem Traumprinzen.

"Auch wenn ich schon viel zu lange alleine bin, liebe und achte ich mich ganz und gar und öffne mein Herz vertrauensvoll meinen Traumprinzen".
Formulieren Sie kreativ, wählen Sie zusätzliche Adjektive wie ‚fröhlich', ‚liebevoll' etc. die anziehend wirken.

Ich lebe in Frieden und gegenseitiger Achtung mit meinen exzellenten Partner.

"Auch wenn ich bisher in meiner Partnerwahl immer in den falschen Topf gegriffen habe, liebe und akzeptiere ich mich so wie ich bin und entscheide mich, beim nächsten Mal in den Topf mit dem exzellenten Partner zugreifen".

Der *Verlust eines Partners* kann ebenfalls auf dieser Seite Ihres Glücksbuches Platz finden:

"Auch wenn mein Liebster mich verlassen hat, liebe und achte ich mich von ganzem Herzen und wähle neue Freude für mein Leben".

Ich liebe mich / er liebt mich nicht mehr / ich achte mich / er hat mich verlassen / ich liebe mich trotzdem / ich fühle mich so allein / ich achte mich mit meinem Schmerz/ ich bin so traurig / es ist o.k / es geht vorbei / ich liebe und achte mich / ich wähle Zuversicht und Freude….

Dies wäre eine Art der Erzählform, um die Gefühle des Verlustes und des Schmerzes anzunehmen und sich trotz allem auf neue Zuversicht einzulassen.

Scheuen Sie sich nicht, einen Therapeuten für EFT aufzusuchen, wenn Sie meinen, die Gefühle könnten zu stark sein, um damit allein zurecht zu kommen.

Seite 3: Geld und Wohlstand

Vielen von uns geht es so: Kein Auskommen mit dem Einkommen.

Es gibt eine Menge Ursachen, warum Sie trotz aller Anstrengungen noch nicht dort angekommen sind, wo Sie in finanzieller Hinsicht sein wollen. Vielleicht gibt es eine Instanz in Ihnen, die Ihnen verbietet wohlhabender zu sein, als Ihre Eltern und Geschwister. Vielleicht glaubt ein Teil von Ihnen, Sie hätten es einfach nicht verdient. Beginnen Sie, mit dem Thema zu arbeiten. Nicht immer lassen sich diese inneren Blockierungen mit dem Glücksbuch vollständig lösen. Doch die Chancen stehen gut, wenn Sie sich ERLAUBEN, etwas in Ihren Einstellungen zu ändern.
Nehmen wir an, Ihr Satz lautet:

In meinem wundervollen Job verdiene ich viel mehr als ich brauche und kann mit Freude davon abgeben.

Ihr Bild stellt diese Aussage so dar, dass es Spaß macht, es anzusehen. Sie spüren die Freude, die Ihr Job macht.

Wieder prüfen Sie, zu wie viel Prozent Ihre Aussage zutrifft.
Dann beginnen Sie:
"Auch wenn ich mit meinem wundervollen Job noch immer nicht genug Geld <u>bekomme</u>, liebe und achte ich mich von ganzem Herzen". (Zauberspruch immer 3 mal sprechen)
Kurzsätze: Ich <u>bekomme</u> nicht genug Geld.
Wählen Sie hier den Begriff ‚bekomme', denn ‚verdienen' würden Sie das Geld doch – oder?

Klopfen Sie ein paar Runden, und prüfen Sie, ob sich in der Akzeptanz Ihres Ausgangssatzes:

In meinem wundervollen Job verdiene ich viel mehr als ich brauche und kann mit Freude davon abgeben etwas ändert.

Bei vielen Menschen hakt es bei den Gelddingen. Oft ist ein Gefühl, es nicht wert zu sein oder es nicht zu dürfen, der Hintergrund. Darum ändern Sie ruhig Ihre Vorgehensweise, wenn Sie merken, Sie kommen nicht weiter.
Probieren Sie doch einmal folgende Formulierung aus: "Auch wenn ich noch nicht genug Geld bekomme, erkenne ich meinem Wert an. Es ist vollkommen sicher und völlig in Ordnung, wenn ich mehr Geld bekomme, als ich brauche".

Gehen Sie bei den Punkten erzählerisch vor:
ich bin es Wert, viel Geld zu verdienen
ich glaube es zurzeit noch nicht
macht nichts
es ist ok, Geld zu haben
viel Geld
es ist sicher, Geld zu haben
viel Geld
ich bin breit, meinen Wert anzuerkennen
ich freue mich über das viele Geld
auch mit dem Geld bin ich liebevoll und achtsam etc.

Erzählen Sie sich, was Ihnen dazu einfällt. Klopfen Sie immer wieder, dass es sicher und ok ist, Geld zu haben und dass Sie es wert sind, das Geld zu bekommen. Prüfen Sie täglich einmal nach, ob sich etwas in Ihrer Einstellung zum Satz in Ihrem Glücksbuch verändert. Bleiben Sie dran – aber mit Liebe und Geduld. Das Glück lässt sich nicht zwingen. Laden Sie es ein!

Wenn es Ihnen schwerfällt zu einem Problem einen passenden Einstimmungs-Klopfsatz zu bilden, stellen Sie sich einfach die Frage "Was macht das mit mir?" und schon haben Sie das passende Gefühl. Der Einstiegssatz könnte dann heißen: "Auch wenn es das mit mir macht, was ich JETZT fühle, bin ich absolut O.K." Noch besser ist natürlich, das Gefühl so genau wie möglich zu beschreiben.

"Auch wenn ich das Gefühl habe, das Geld gar nicht zu verdienen, akzeptiere ich mich so, wie ich bin und entscheide mich, meinen echten Wert anzuerkennen".

Dies ist ein Beispiel für einen Zauberspruch, der sich mit Ihrem Selbstwert in Punkto Geld beschäftigt. Klopfen Sie die Punkte wieder wie in der "Wahl-Methode".

Sie sehen, mit jeder Seite Ihres Glücksbuches können Sie vielfältig arbeiten. Beschränken Sie sich bei jeder Seite immer erst einmal auf das erste Gefühl, bzw. den ersten Gedanken, der Ihnen zu diesem Thema kommt. Spielen Sie so lange damit, bis Sie den Eindruck haben, nun kann es für sich weiter wirken. Etwas Neues taucht auf oder die nächste Seite im Buch ist dran.

Seite 4: Die Wohnung

Die Wohnung, in der wir leben, sagt eine ganze Menge über uns selbst aus. Darüber hinaus hat alles, was um uns herum ist, sehr viel Einfluss auf unser Glücksempfinden. Wollen Sie sich also in Ihrer Wohnung richtig wohl fühlen, zuhause und ganz geborgen, sollten Sie ihr ein wenig Aufmerksamkeit widmen.

Wenn es Ihnen schwer fällt, regelmäßig aufzuräumen und zu putzen, fragen Sie sich, womit Sie sich motivieren könnten. Eine Möglichkeit ist es, motivierend zu klopfen. Dies könnte so aussehen:

"Auch wenn ich keine Lust habe, zu putzen und aufzuräumen wähle ich, mich bei dieser Arbeit so zu fühlen, wie bei meinem Lieblingsspiel am PC". Oder: wie beim Sport, wie beim Gassi gehen mit meinem Hund, wie beim Lesen eines spannenden Buches...

Wählen Sie etwas, das Ihnen Spaß macht. Klopfen Sie so lange, bis Sie einen inneren Antrieb verspüren, die lästigen Arbeiten zu erledigen. Dies hilft bei allen Arbeiten, die Sie nicht gerne verrichten.

Wenn Sie sich generell an Ihrem Wohnort nicht wohl fühlen und sich etwas anderes, schöneres wünschen, öffnen Sie neue Türen in dem Sie klopfen:

"Auch wenn ich noch nicht in meinem Traumhaus/ meiner Traumwohnung/ meiner Lieblingsstadt u.ä. wohne, liebe und achte ich mich voll und ganz und wecke das Gefühl in mir, schon dort angekommen zu sein".

Dieser Satz braucht vielleicht etwas länger, um sich in Ihrem Leben zu verwirklichen. Indem Sie jedoch Ihre Gefühle auf Ihr Ziel programmieren, können die Energien des Universums sich darauf ausrichten und Ihr Unterbewusstsein wird Prospekte, Berichte, Maklerangebote etc. wahrnehmen, die Sie vielleicht bis jetzt übersehen haben. Auch die eventuelle Notwendigkeit, irgendwie mehr Geld zu verdienen um gegebenenfalls eine höhere Miete zu bezahlen oder die Darlehen für das Traumhaus, wird sich langfristig für Sie offenbaren. Solange Sie denken, es geht nicht, das Geld reicht nicht, es gibt jede Menge Hürden - solange werden Sie Ihren Traum nicht verwirklichen. Ändern Sie Ihre Gefühle! Aus eigener Erfahrung kann ich Ihnen sagen: Es funktioniert!

Klopfen Sie auch hier wieder im Wechsel, wie Sie es schon kennen. Sehen Sie dabei immer wieder auf das Bild in Ihrem Glücksbuch.

Eine zusätzliche kreative Übung ist folgende:

Wenn Sie abends im Bett liegen, stellen Sie sich vor, Sie liegen in Ihrem neuen Schlafzimmer. Machen Sie sich alle Details ganz bewusst und wecken Sie das Gefühl von Freude in sich, in diesem wunderschönen Raum einzuschlafen. Machen Sie dies in jedem Raum Ihrer Wohnung. Schließen Sie einfach für einen Moment die Augen und stellen Sie sich vor, Sie sind in dem neuen Raum, zum Beispiel dem neuen Bad. Wecken Sie immer wieder die Freude darüber im sich. Wenn Ihre Zeit es erlaubt, halten Sie dieses Bild für eine Weile fest und klopfen Sie dabei die Handkante oder den Herzpunkt.

Seite 5: Der Beruf

Die Arbeit mit dieser Seite Ihres Glücksbuches bietet vielfältige Möglichkeiten. Sie können Stress reduzieren, Ihren Arbeitsplatz verschönern oder sogar einen anderen, besseren Arbeitsplatz anstreben. Es hängt ganz davon ab, was Ihnen im Moment wichtig ist und wie Sie aus diesem Grund die Seite gestaltet haben.

Nehmen wir an, Ihre Überschrift auf der Glücksseite lautet:

Ich arbeite erfolgreich und ausgeglichen in einer Gemeinschaft freundlicher Kollegen.

Was genau stimmt nicht an diesem Satz?
Sind Sie nicht erfolgreich?
Sind Sie nicht ausgeglichen?
Oder machen Ihre Kollegen Stress?

Kreieren Sie sich Ihren Zauberspruch. Er könnte lauten:

"Auch wenn ich mich noch nicht erfolgreich fühle, liebe und akzeptiere ich mich von ganzem Herzen".
Nutzen Sie hier einfach die Grundtechnik.

Wenn Sie Stress haben, überlegen Sie sich, was genau Ihnen Stress macht. Haben Sie zu wenig Zeit für Ihre Arbeit? Können Sie sich nicht richtig organisieren? Davon hängt der jeweils passende Satz ab, mit dem Sie Ihre Gefühle und deren Auswirkungen auf Ihre Arbeit verändern können.

Beispiel:

"Auch wenn ich das Gefühl habe, mich nicht richtig organisieren zu können, wähle ich Struktur und Klarheit für meine Arbeit".

"Auch wenn ich zurzeit Stress mit meinen Kollegen habe wähle ich Gelassenheit und Freundlichkeit an jedem neuen Tag".

"Auch wenn ich mich ständig unter Zeitdruck fühle, wähle ich Gelassenheit und mache mir bewusst, dass die Zeit im Universum unendlich ist".

Wie immer kann ich Ihnen nur Anregungen bieten. Sie müssen Ihre eigenen Worte finden. Denken Sie daran, auch fluchen ist dabei erlaubt, wenn es genau das ist, was Sie gerade empfinden.

"Auch wenn ich diesen Scheiß-Job am liebsten hinschmeißen möchte, liebe und achte ich mich und wähle Gelassenheit und Zuversicht".

Klopfen Sie ruhig zwischendurch, auch während einer langweiligen Sitzung (es sei denn, sie spielen lieber Bullshit-Bingo). Klopfen Sie einfach die Handkante unter dem Tisch oder nur den Daumennagel. Bauen Sie die Klopftechniken ganz natürlich überall ein, wo es gerade passt. Sie werden feststellen, Ihre Gefühle verändern sich, Sie werden weniger Stress haben und mehr Freude an Ihrer Arbeit.

Auch wenn Sie sich einen neuen Arbeitsplatz wünschen, können Sie durch das Klopfen die Wege ebnen.

"Auch wenn ich noch nicht in meinem Traumjob arbeite, liebe und achte ich mich und wähle, aufmerksam zu sein für neue Möglichkeiten".

Klopfen Sie hier ruhig erzählend:

ich hab noch nicht meinem Traumjob
ich weiß nicht ob ich ihn bekomme
ich liebe und achte mich so wie ich bin
ich bin offen für neue Möglichkeiten
ich freue mich auf neue Herausforderungen
etc.

Seite 6: Die Spiritualität

Bei der Arbeit mit dieser Seite Ihres Glücksbuches hängt alles davon ab, was Spiritualität für Sie bedeutet.

Für mich bedeutet es Entwicklung meines Geistes und meiner Persönlichkeit. Hierunter fallen also auch persönliche Eigenschaften und Fähigkeiten genauso wie der Glaube und Ihre Ansichten, wie die Welt um Sie herum strukturiert ist.

Je nachdem, welchen Zweig Ihrer Spiritualität Sie gerade weiter entwickeln möchten, haben Sie Ihr Bild und Ihre Überschrift entsprechend gestaltet.

Regt sich bei dessen Anblick ein Gedanke oder Gefühl in Ihnen? Folgen Sie ihm!

Wenn Sie ein gläubiger Mensch sind und zurzeit in einer Situation des Zweifels, wenn Sie sich mehr Festigkeit in

Ihrem Glauben wünschen, formulieren Sie es in einem Satz wie etwa:

"Auch wenn ich zurzeit in meinem Glauben schwankend bin und zweifle, wähle ich Gelassenheit und innere Führung".

Vielleicht ist es aber auch Ihr Wunsch, Ihre Herzenswärme mehr zu entwickeln. Dann könnten Sie formulieren:

"Auch wenn ich die Liebe in meinem Herzen noch nicht vollständig spüren und geben kann, liebe und achte ich mich und wähle einen klaren Zugang zu meiner Herzenswärme".

Oder Sie wünschen sich, wieder zu meditieren. Dann hat diese Seite eventuell ein meditatives Stimmungsbild. Sie könnten klopfen:

"Auch wenn ich mir bisher nicht die Zeit für meine Meditation genommen habe, liebe und achte ich mich und wähle nun mit Freude einen festen Zeitpunkt dafür".

Klopfen Sie hier gerne auch mit der Erzähltechnik.

ich habe wenig Zeit
ich möchte wieder meditieren
ich darf mir die Zeit nehmen
es ist genug davon da
ich freue mich auf die Meditation
ich fühle mich oft unter Zeitdruck
ich weiß, die Zeit ist da
ich genieße sie in Meditation

Auch das Thema Selbstachtung kann auf dieser Glücksbuchseite Platz finden. Wenn Sie sich bisher nicht genug Achtung und Liebe entgegengebracht haben, sollten Sie dringend etwas daran ändern. Wer sich selbst nicht achtet, wird auch kaum Achtung von anderen erfahren. Beginnen Sie in diesem Fall mit folgendem Zauberspruch:

"Auch wenn ich mich bisher nicht geachtet habe und mich nicht lieben konnte, nehme ich mich jetzt so an wie ich bin und entscheide mich, mir ein guter Freund zu sein".

Klopfen Sie hier nach der Wahlmethode oder nach der Erzählmethode.

Üben Sie gleichzeitig die Spiegeltechnik:

Stellen Sie sich vor einen Spiegel. Lächeln Sie sich an. Schauen Sie sich tief in die Augen und sagen Sie zu sich selbst: "Ich liebe und achte mich aus ganzem Herzen". Unterstützen Sie sich durch gleichzeitiges Klopfen Ihres Lieblingspunktes.

7. Die Familie

Natürlich bietet die Familie eine ganze Reihe von Möglichkeiten, eine Glücksbuchseite zu gestalten und ein harmonisches Familienleben auf diese Weise zu unterstützen. Wenn Sie noch keine eigene Familie haben, sich aber eine wünschen, könnten Sie folgendes klopfen:

"Auch wenn es bisher mit einer Familiengründung noch nicht geklappt hat, wähle ich jetzt, bereit zu sein für den exzellenten Partner und die exzellenten Umstände in Liebe".

Mit der Wahlmethode zeigen Sie Ihrem Unterbewusstsein in welche Richtung es Sie unterstützen soll, damit Sie Ihr Ziel erreichen. Mit der Erzähltechnik können Sie ergänzen, was Ihnen bisher im Weg stand. Spielen Sie kreativ mit beiden Methoden. Sie werden mit etwas Übung bald spüren, was Ihnen gut tut und richtig für Sie ist. Wenn es Probleme in der Familie gibt, schauen Sie sich das Idealbild in Ihrem Glücksbuch an und prüfen Sie wie schon bei anderen Themen vorher, zu wie viel Prozent die Aussage richtig ist. Sind es weniger als 80 %, ist es Zeit daran zu arbeiten.

"Auch wenn ich im Moment nicht in Harmonie lebe mit meinem pubertierenden Kindern, öffne ich Ihnen in Gelassenheit mein Herz und liebe und achte meine Kinder und mich gleichermaßen".

"Auch wenn ich mir Sorgen mache, dass mein Kind seinen Schulabschluss nicht schafft, wähle ich Vertrauen und Zuversicht".

Für Jugendliche wäre ein Zauberspruch wie dieser hilfreich:

"Auch wenn mich meine Eltern nicht verstehen, liebe und achte ich mich und meine Eltern".

Hier bietet sich die Erzähltechnik an, um sich beim Klopfen allen Frust und Ärger von der Seele zu reden und durch positive Ziele, Vertrauen und Liebe zu ersetzen.

8. Hobby und Freizeit

Haben Sie ein Hobby? Treiben Sie Sport? Was, keine Zeit? Dann sollten Sie etwas ändern! Gerade die Freizeitgestaltung ist maßgeblich an körperlicher und seelischer Gesundheit und damit auch am Glück beteiligt.

Sehen Sie sich die Freizeitseite Ihres Glücksbuches an. Weckt sie in Ihnen ein begehrliches Gefühl? Ist das, was Sie darauf sehen, genau das, was Ihnen in Ihrer Freizeit Freude machen würde? Warum haben Sie dann noch nicht damit angefangen?

O.K. Legen Sie los:
"Auch wenn ich bisher meine Bedürfnisse unterdrückt habe und immer für andere da war, liebe und achte ich mich und wähle, mir freudvolle Zeit für mich selbst zu kreieren".

Oder:

"Auch wenn ich meine Freizeit bisher oft den Überstunden geopfert habe, entscheide ich mich, mir mehr Achtung und Aufmerksamkeit zu geben. Ich erkenne an, dass ich Freizeit verdiene!"

Gerade bei dieser Konstellation bietet sich wieder die Erzähltechnik an:

ich hab mir nie Zeit für mich genommen
ich habe zu viel gearbeitet
ich darf mir Freizeit und ein schönes Hobby erlauben
ich habe es mir verdient
ich habe meine Wünsche und Bedürfnisse nicht geachtet

ich achte mich jetzt
ich freu mich auf freie Zeit mit mir selbst
ich entscheide mich jetzt dafür

Auch Ihre persönlichen Fähigkeiten in Bezug auf Ihr Hobby oder Ihren Sport können Sie mithilfe des Klopfens verbessern.

Nehmen wir an, Sie nähen gern, sind aber nicht so gut darin, weil Sie sich nicht richtig konzentrieren. Dafür können Sie ganz einfühlsam und aufmerksam zuhören, wenn eine Freundin von einem Problem berichtet. Verbessern Sie Ihre Konzentration beim Nähen folgendermaßen:

"Auch wenn ich mich beim Nähen bisher nicht richtig konzentrieren konnte, wähle ich so aufmerksam zu sein, wie beim Zuhören".

Spielen Sie Golf? So mancher Schlag geht daneben, wenn man sich über einen anderen Schlag oder seine Tagesform ärgert. Prüfen Sie doch einmal, woran Sie denken, wenn Sie abschlagen wollen. Probieren Sie folgenden Klopfsatz:

"Auch wenn ich fürchte, mein nächster Schlag geht daneben, wähle ich Gelassenheit, Konzentration und Zuversicht". Oder:

"Auch wenn ich nervös werde, wenn mir jemand zuguckt wenn ich schlage, wähle ich, so gelassen und konzentriert zu sein, als wäre ich allein".

Klopfen Sie einfach unterwegs auf dem Platz, während Sie spielen. Erklären Sie Ihrem Golfpartner, dass Sie damit Ihre

Gefühle auf mehr Gelassenheit und Konzentration ausrichten und langfristig besser spielen werden. Inzwischen nutzen sogar Golfprofis die Klopftechniken.

Jedes Hobby kann durch Emotionen in irgendeiner Form beeinträchtigt werden. Dies können Sie ändern und mehr Spaß und Erfolg haben.

Neue Dinge lernen

Sie können Ihre Freizeit auch nutzen, um Ihr Wissen zu erweitern. Ein Sprachkurs, eine berufliche Weiterbildung, Literaturzirkel oder Kurse in unterschiedlichen handwerklichen Techniken werden an vielen Volkshochschulen angeboten. Sie können viel Spaß dabei haben, doch häufig ist es ein Problem, dass die Kurse in den späten Abendstunden stattfinden und man sich einfach zu müde fühlt. Wenn Sie auf Ihrer Glücksbuchseite also Zeit für Fortbildung gestaltet haben, nutzen Sie die Klopftechniken, um exzellent wach und konzentriert zu sein und richtig Spaß zu haben.

Klopfen Sie beispielsweise wie im folgenden Satz: "Auch wenn ich mich abends oft nicht aufraffen kann, zu meinem Sprachkurs zu fahren, entscheide ich mich, so wach und munter zu sein, als wäre der Kurs in den Morgenstunden. Mit allen meinen Sinnen nehme ich dieses wache, aufmerksame Gefühl in mir war".

Nutzen Sie hier wieder die Erzähltechnik.

ich bin abends zu müde
ich möchte meinen Sprachkurs genießen
ich fühl mich aber immer so müde
ich entscheide mich wach zu sein
und so konzentriert wie am frühen Vormittag
auch wenn ich mich im Moment abends immer müde fühle
und kaum Lust habe loszufahren
mein Körper erinnert sich
er weiß, wie es sich anfühlt
wach und frisch zu sein
ich fühlte mich müde

jetzt bin ich wach und frisch
ich fühlte mich müde
jetzt bin ich wach und frisch
Letzteres im Wechsel weiter klopfen, besonders in der Stunde vor dem Kurs.

9. Freundschaften

Hier haben Sie nun wirklich freie Auswahl. Kreieren Sie sich auf Ihrer Glücksseite, was immer Sie sich für Ihre Freundschaften wünschen.

So könnte die Überschrift auf Ihrer Seite lauten:

Ich verbringe meine wundervolle Freizeit in Heiterkeit und Freude mit meinen ehrlichen, einfühlsamen und zuverlässigen Freunden.

Das passende Bild dazu zeigt Sie zusammen mit Ihren Freunden bei einer Freizeitaktivität. Was fühlen Sie, wenn Sie dieses Bild sehen? Was ist Ihr erster Gedanke wenn Sie einfach mal Ihren Satz aus der Überschrift laut aussprechen und dabei alle Punkte nacheinander klopfen?

"Auch wenn ich mich in der Vergangenheit mit Menschen umgeben habe, die mich eigentlich langweilen, wähle ich jetzt, offen zu sein für neue Freundschaften, mit denen ich Heiterkeit und Freude ausdrücken kann"- wäre das ein Satz für Sie?

Oder wie wäre: "Auch wenn ich bisher gedacht habe, niemand will mich zum Freund, liebe und achte ich mich, entscheide mich, mein erster echter Freund zu sein und bin bereit und offen für neue Kontakte". Dieser Satz kann Welten bewegen!

Vielleicht haben Sie auch gar keine Freunde, sondern haben sich Ihre Kontakte so gewählt, dass Sie berufliche oder finanzielle Vorteile davon haben. Prüfen Sie Ihre innere Einstellung zu Ihren Mitmenschen! Was bedeuten Freunde für Sie? Auch dies können Sie auf dieser Seite Ihres Glücksbuchs klären.

"Auch wenn ich meine Kontakte bisher rein nach ihrem Nutzen für mich ausgewählt habe, entscheide ich mich, meine Kontakte danach auszuwählen, wie viel Freude ich mit ihnen habe".

Natürlich kann es ganz nützlich sein, Menschen zu kennen, die einem beruflich oder in anderen Bereichen weiterhelfen. Nicht mit jedem muss man eng befreundet sein. Wenn Ihre Kontakte jedoch nur aus solchen Menschen bestehen, wird es allerhöchste Zeit, dass Sie sich echte Freunde schaffen und diese Freundschaften auch pflegen. Ihre Freunde erkennen Sie daran, dass sie auch noch bei Ihnen sind, wenn es Ihnen mal schlecht geht. Da trennt sich die Spreu vom Weizen.

Nun lieber Leser habe ich Ihnen alles mitgeteilt, was Sie wissen müssen, um sich Ihr Glück selber zu schmieden. Fangen Sie gleich damit an. Es nützt nichts, noch länger zu warten. Niemand wird es Ihnen abnehmen.

Und ist es nicht schön, selbstverantwortlich zu sein und später mit Freude und Stolz auf das zurück zu schauen, was Sie sich kreiert haben?

Ich wünsche Ihnen viel Freude und viel Erfolg!

Ach ja, die **Wurst für den Schweinehund**:

"Auch wenn mein Schweinehund mich abhält, überhaupt mit dem Glücksbuch zu beginnen, wähle ich, dass diese Art der Kreativität genau die Wurst ist, die mein Schweinehund am liebsten frisst".

Mein Schweinehund hält mich zurück
das Glücksbuch ist Wurst für ihn
er will mich bremsen
er will die Wurst
er hält mich zurück
ich gebe ihm seine Lieblingswurst
wir freuen uns beide
etc.

Auf dieser Seite möchte ich Ihnen weitere Anregungen für Klopfsätze anbieten. Sie wenden sich an die blockierenden inneren Überzeugungen, die uns im Weg stehen können.

Räumen Sie auf!

Auch wenn ich nicht glaube, dass EFT mir helfen kann, liebe und akzeptiere ich mich voll und ganz so wie ich bin.

Auch wenn ich das Gefühl habe, in meinen Lebensumständen fest zu stecken, liebe und akzeptiere ich mich voll und ganz so wie ich bin.

Auch wenn ich am liebsten ein ganz anderes Leben leben möchte, liebe und akzeptiere ich mich so wie ich bin.

Auch wenn ich nicht daran glaube, dass positive Veränderung für mich möglich ist, liebe und akzeptiere ich mich voll und ganz so wie ich bin und wähle Gelassenheit und Zuversicht.

Auch wenn ich mich schlecht fühle, wenn ich mehr vom Leben verlange, als ich bisher habe, liebe und akzeptiere ich mich voll und ganz so wie ich bin.

Auch wenn ich glaube, nicht die Macht und die Fähigkeit zu haben, mein Leben zu verändern, liebe und akzeptiere ich mich voll und ganz so wie ich bin.

Auch wenn ich Angst habe, die Verantwortung für mein Leben zu übernehmen, liebe und akzeptiere ich mich voll und ganz so wie ich bin.

Auch wenn ich gelernt habe, dass das Leben aus Anstrengung und Arbeit besteht, erlaube ich mir, den Spaß im Leben zu entdecken.

Auch wenn ich bisher immer getan habe, was andere von mir erwarten, entscheide ich mich, jetzt mein eigenes Leben zu Leben.

Auch wenn körperliche Schmerzen mich wütend machen, liebe und akzeptiere ich mich voll und ganz so wie ich bin.

Auch wenn ich fürchte, nichts wird sich wirklich ändern, wenn ich die Dinge so akzeptiere wie sie sind, erlaube ich mir die Kraft der Akzeptanz zu entdecken.

Auch wenn ich bisher mein Leben in der Mannschaft der Schwachen verbracht habe, wähle ich jetzt, in der Mannschaft der Starken zu spielen.

Auch wenn ich mir im Kopfe immer die schlimmsten Möglichkeiten vorstelle, liebe und akzeptiere ich mich voll und ganz so wie ich bin.

Auch wenn ich glaube, für beruflichen Erfolg muss ich alles opfern, was Spaß macht, liebe und akzeptiere ich mich voll und ganz so wie ich bin.

Auch wenn ich glaube, Glück gibt es nur für andere, erlaube ich mir, mich dem Glück zu öffnen.

Adressen, die weiter helfen:

Seminare und Einzelsitzungen

EFT-Zentrum-Hamburg
www.eft-zentrum-hamburg.de
Andrea Christiansen
Trainerin EFT-D.A.CH.
Heilpraktikerin
Sumpfmeisenweg 15 b, 22399 Hamburg

Peter Wilhelm Speckhahn
Heilpraktiker
Klassische Homöopathie,
Trainer EFT-D.A.CH.
Alversloweg 10, 22359 Hamburg

Adressen von Therapeuten und Trainern Seminartermine und vielfältige Informationen:

EFT-D.A.CH.e.V. Fachverband der EFT-AnwenderInnen
Deutschland, Österreich, Schweiz
www.eft-dach.org

Hier ist Platz für eigene Notizen